LES ROUES
La course de l'amitié

THE WHEELS
The Friendship Race

Inna Nusinsky

Illustrations de Michael Jay Roque
Illustrations by Michael Jay Roque

www.sachildrensbooks.com

Copyright©2015 by S.A. Publishing

innans@gmail.com

All rights reserved. No part of this book may be reproduced in any form or by any electronic or mechanical means, including information storage and retrieval systems, without written permission from the publisher or author, except in the case of a reviewer, who may quote brief passages embodied in critical articles or in a review. Tous droits réservés. Aucune reproduction de cet ouvrage, même partielle, quelque soit le procédé, impression, photocopie, microfilm ou autre, n'est autorisée sans la permission écrite de l'éditeur.

First edition, 2016

Translated from English by Sophie Troff

Traduit de l'anglais par Sophie Troff

The Wheels: The Friendship race (French English Bilingual Edition)
ISBN: 978-1-5259-0134-8 paperback
ISBN: 978-1-5259-0135-5 hardcover
ISBN: 978-1-5259-0133-1 eBook

Although the author and the publisher have made every effort to ensure the accuracy and completeness of information contained in this book, we assume no responsibility for errors, inaccuracies, omission, inconsistency, or consequences from such information.

Please note that the French and English versions of the story have been written to be as close as possible. However, in some cases they differ in order to accommodate nuances and fluidity of each language.

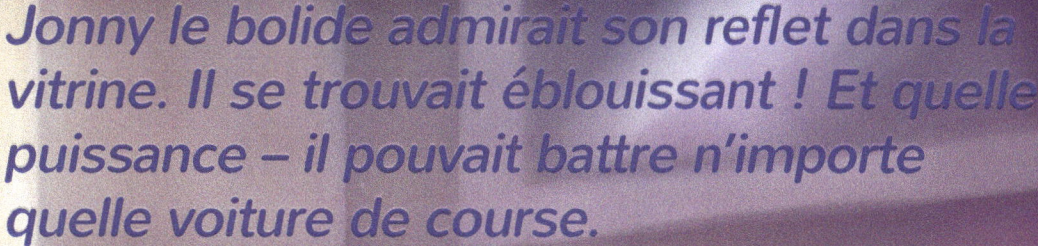

Jonny le bolide admirait son reflet dans la vitrine. Il se trouvait éblouissant ! Et quelle puissance – il pouvait battre n'importe quelle voiture de course.

Jonny the car looked at himself in the shop window. How handsome he was! And what speed – he could beat even race cars!

– Je suis la fierté du quartier, se vantait-il.

"I'm the pride of the neighborhood," he yelled.

À ce moment précis, des bruits de freinage ont perturbé ses douces rêveries.

Just then, two braking sounds broke his daydream.

Il a aperçu leurs reflets dans la vitrine : ses copains, Mike le vélo et Scott la trottinette.

He saw them reflected in the glass window – his friends Mike the bike and Scott the scooter.

– Salut Jonny ! ont dit ses amis. Ça roule ?

"Hey Jonny! What's up?"

– Je me sens d'humeur à faire la course aujourd'hui, a lancé Jonny en faisant crisser ses pneus.

"Feeling like a little race today," said Jonny, puffing his tires. "But there's no one I can race with."

– On peut faire la course avec toi, a proposé Mike, tout excité.
"We can race with you!" exclaimed Mike.

– Les amis sont là pour ça, a ajouté Scott.
"That's what friends are for!" added Scott.

Jonny n'avait pas l'air très enthousiaste.
– Mouais... Un champion ne peut se mesurer qu'avec des adversaires à sa hauteur.

Jonny didn't show much enthusiasm. "Mmm... A champion needs an equal to compete with."

– Très bien, Jonny, a déclaré Scott. Alors on te met au défi de faire la course avec nous. Maintenant ! On prend tous les trois la route de la Colline et on verra bien qui arrivera le premier.

"Okay, Jonny," said Scott. "We challenge you to a race right now! Let's do Hill Road and see who finishes first."

Jonny l'a toisé d'un sourire moqueur.

Jonny considered it with a smirk.

Ils ont roulé jusqu'à la route de la Colline, marquant le départ de la course.

As they reached Hill Road, the race began.

Elle commençait par une côte raide ; Jonny a fait rugir son moteur et, en quelques secondes, il est arrivé en haut.

It started with a steep climb. Jonny roared and in seconds was over the incline.

Mike le vélo était déjà à mi-parcours… mais la pauvre trottinette Scott, à bout de souffle, grimpait péniblement la côte.

Mike the bike was already half way… But poor Scott the scooter was huffing and puffing, slowly climbing up.

En haut de la côte, Jonny s'est arrêté. Il a regardé dans le rétroviseur : ses amis étaient loin derrière lui.

Jonny reached the hill and stopped. He looked at the rearview mirror – his friends were far behind.

Il s'ennuyait. Au moins, la radio passait de la bonne musique ! Il a fermé les yeux et s'est mis à bouger en rythme.

He was bored. At least the music on the radio was good! He closed his eyes and started moving to the beat.

Soudain, quelque chose l'a dépassé en trombe. Il n'a vu que de la poussière. Mike ?

Suddenly, something whirred past him and he jolted his eyes open. There was only smoke. Mike?

Avant qu'il ait pu réagir, quelque chose d'autre l'avait doublé. La poussière se dissipant, Jonny a scruté la route : c'était Scott qui était devant lui!

Before he could say a word something else went by. Jonny looked through the disappearing smoke—that was Scott racing ahead!

Impossible ! Il s'est mis à paniquer. C'est lui qui était censé gagner!

No way! Now he panicked. He should win!

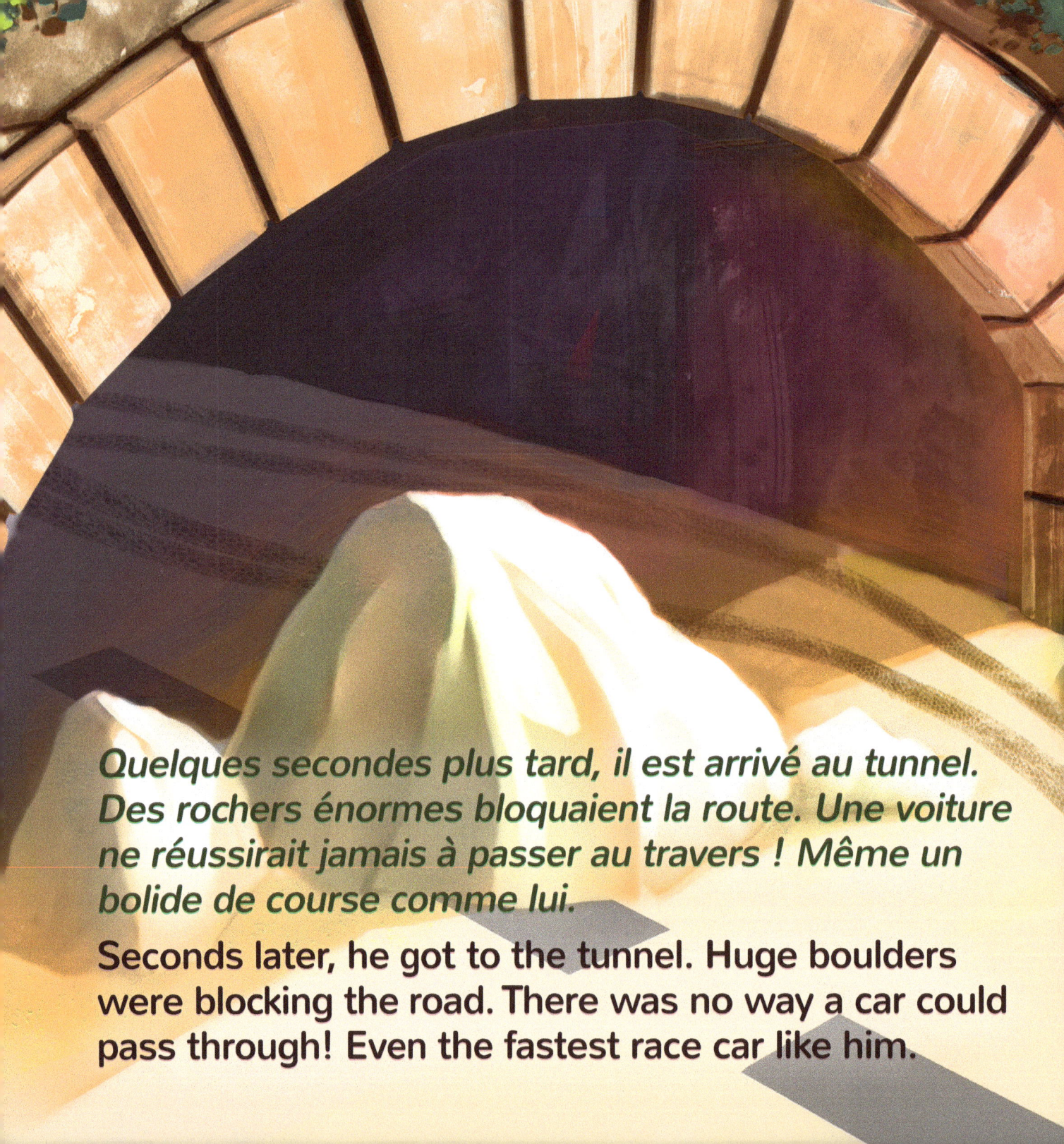

Quelques secondes plus tard, il est arrivé au tunnel. Des rochers énormes bloquaient la route. Une voiture ne réussirait jamais à passer au travers ! Même un bolide de course comme lui.

Seconds later, he got to the tunnel. Huge boulders were blocking the road. There was no way a car could pass through! Even the fastest race car like him.

C'est alors qu'il a vu les traces des pneus de Mike et Scott. Ils avaient réussi à passer entre les rochers ! Jonny a soupiré.

But then, he saw the tire marks of both Mike and Scott. They had negotiated their way around the stone boulders! Jonny sighed.

Entre temps, Mike était déjà ressorti du tunnel. Il était en tête.

Meanwhile, Mike came out on the other side of the tunnel. He was leading.

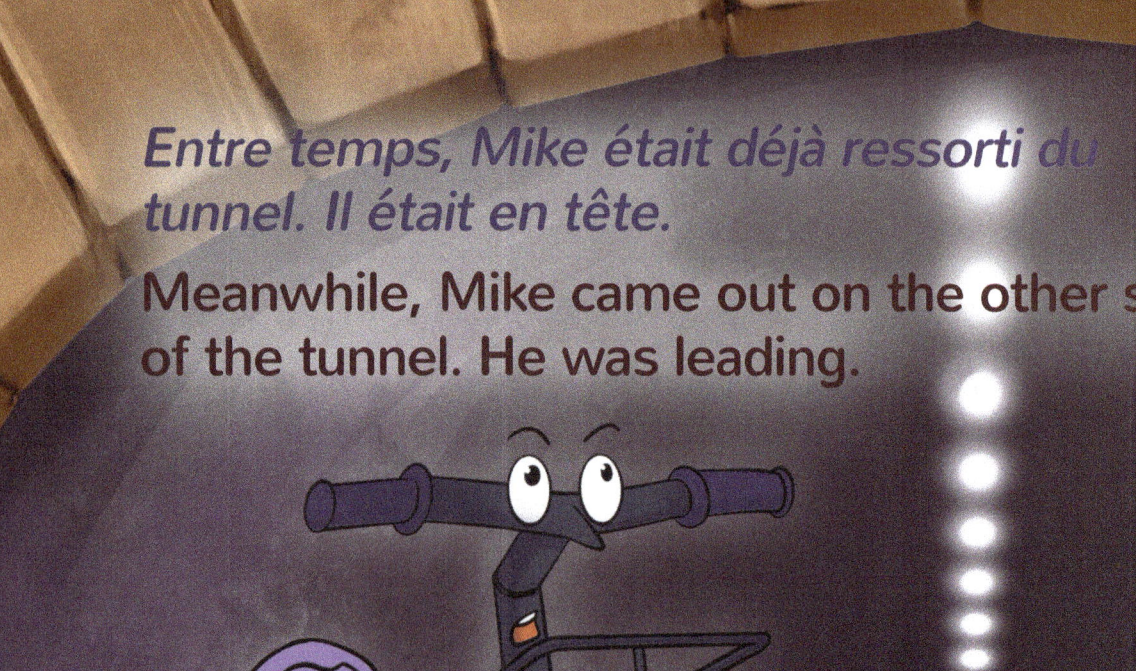

À quoi sert la victoire si elle fait perdre mes amis ? a-t-il songé.

What kind of a win is that when your friends lose? he thought, stopping for Scott.

Quelques secondes plus tard, Scott l'a rejoint. Il lui a demandé .

In seconds, Scott was next to him.

– Pourquoi t'es-tu arrêté, Mike ? Tu pouvais gagner la course !

"Why did you stop, Mike?" he asked. "You could've won the race!"

– Oui, mais… Jonny doit être resté coincé là-bas, a dit Mike en regardant l'entrée du tunnel.

"Yeah but…Jonny could be stuck back there…" said Mike, looking towards the tunnel.

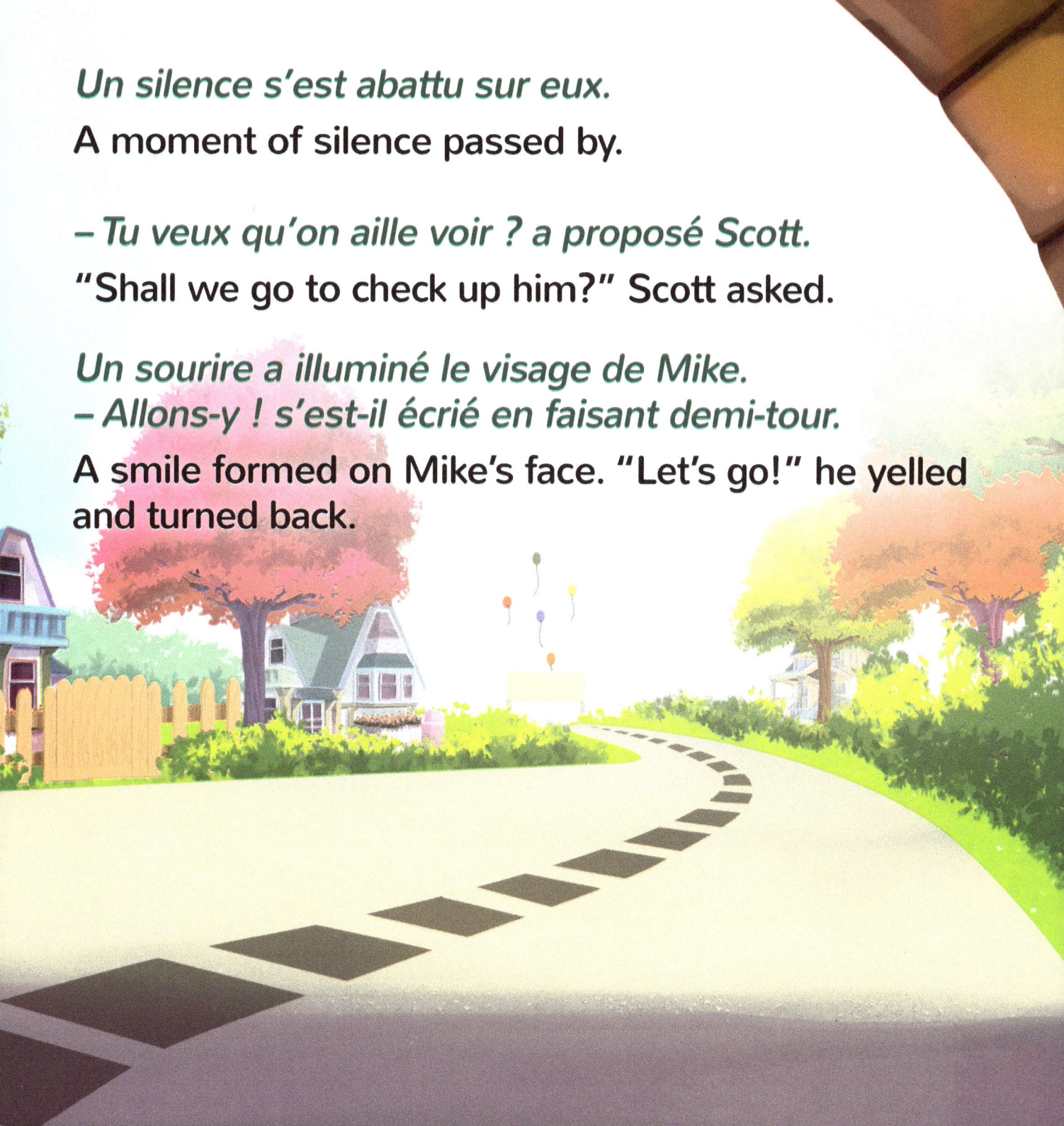

Un silence s'est abattu sur eux.
A moment of silence passed by.

– Tu veux qu'on aille voir ? a proposé Scott.
"Shall we go to check up him?" Scott asked.

Un sourire a illuminé le visage de Mike.
– Allons-y ! s'est-il écrié en faisant demi-tour.
A smile formed on Mike's face. "Let's go!" he yelled and turned back.

Bloqué devant le tunnel, Jonny était triste. Pas parce qu'il était en train de perdre la course, mais parce qu'il était tout seul.

At the blocked tunnel, Jonny was sad. Not because he was losing the race but because he was lonely.

Soudain, des bruits de roues. C'était Scott et Mike !
Suddenly he heard a sound of wheels. Those were Scott and Mike!

– Mike, il faut qu'on bouge ces rochers pour que Jonny puisse passer, a dit Scott.

"Mike, Let's move these boulders so Jonny can pass," said Scott.

Les deux amis ont uni leurs forces pour pousser les rochers hors du passage.

The friends started to work together, pushing the rocks out of the way.

Ce n'était pas facile, mais ils ont poussé, poussé, et bientôt ils avaient libéré assez d'espace pour que Jonny se faufile à travers.

It wasn't easy, but they nudged and nudged and soon there was enough space for Jonny to squeeze through.

En riant, ils sont arrivés à la fin de la route de la Colline.

Giggling, they reached the end of Hill Road.

– On a gagné la course — tous les trois ! se sont exclamés Mike et Scott.

"We've won the race—all of us!" exclaimed Mike and Scott.

*Seul Jonny restait silencieux, puis il a dit.
– Je me suis mal conduit avec vous. Mais j'ai réalisé qu'on est plus forts à plusieurs que tout seul. Merci, mes amis, de m'avoir aidé à comprendre ça.*

Only Jonny was quiet. "I behaved badly with you," he admitted. "I realized it late, guys that together we can do much more. Thank you, my friends, for helping me understand that!"

Tout à coup, des applaudissements et des acclamations se sont élevés pour saluer ce petit groupe merveilleux de trois amis formidables...

Suddenly, there was applause, cheering for this wonderful bunch of three terrific friends...

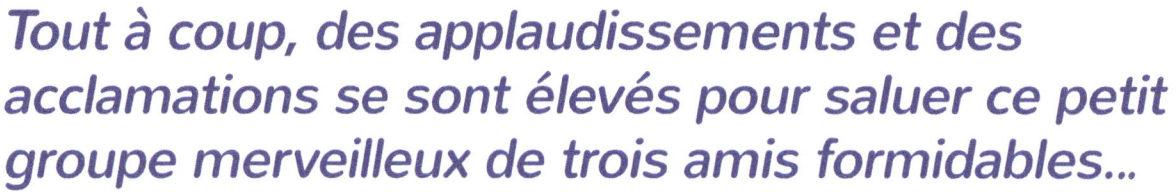

Des amis qui avaient découvert qu'aucun d'entre eux n'était aussi fort que les trois ensemble.

Friends who discovered that none of them was as good as all of them.

www.ingramcontent.com/pod-product-compliance
Lightning Source LLC
Chambersburg PA
CBHW061144070526
44584CB00033B/4416